SEA UN CLIENTE ASTUTO

Guía para lograr una relación armoniosa con su abogado

Cuadernos disponibles en
www.BeASmartClient.com

Ellen L. Hughes

The McKee Company
www.BeASmartClient.com
P.O. Box 22996, Denver, CO 80222
contact@themckeecompany.com
(303)719-2154
Copyright ©2015 The McKee Company
Ellen L. Hughes

Para más recursos, visitar
www.BeASmartClient.com

ISBN-13:978-1519539793
ISBN-10: 1519539797

Descargo de responsabilidad

La información contenida aquí no debe tomarse como aviso legal. Las expresiones vertidas en este libro y en ***www.BeASmartClient.com*** *representan la opinión de la autora. La autora no es abogada y nunca ha ejercido como abogada.*

INTRODUCCIÓN

A través de mi carrera como paralegal he notado que muchos de los problemas entre los clientes y los abogados se deben a la pobre comunicación entre las partes. Mala interpretación, pocas instrucciones y falsas expectativas crean confusión que resultan en problemas que fácilmente podrían evitarse.

Sea un cliente astuto detalla el cómo encontrar al abogado adecuado para sus necesidades, qué preguntas hacer e instrucciones básicas que aplican a cualquier asunto legal. Le ayudará a saber qué puede esperar y qué debe solicitar a través de su relación abogado/cliente. Aprenderá sobre las mejores acciones a tomar en cualquier circunstancia para alcanzar los mejores resultados. Las pruebas al finalizar cada capítulo destacan los puntos más importantes.

En cualquier caso, el cómo usted y su abogado interactúen tiene repercusiones importantes. ¡Tome ventaja de lo que este libro puede ofrecer **Sea un cliente astuto!**

CONTENIDO

▶LO BÁSICO

▶INVESTIGAR

▶CUIDADO PERSONAL

▶TÉRMINOS LEGALES

1

▶SELECCIONAR A UN ABOGADO

1. Seleccione el mejor abogado

Lo más importante es elegir a un abogado que satisfaga sus necesidades personales y legales. La publicidad es una excelente herramienta para encontrar muchas cosas, pero para buscar a un abogadose recomienda ser más directo. La asociación de abogados más cercana es un buen recurso, ellos pueden recomendarle distintos abogadosa base de sus honorarios. Busque en internet por abogados con experiencia en el campo de su necesidad. Compañeros, amigos y familiares pueden brindar buenas recomendaciones.

2. Determine sus necesidades

¿Cuáles son sus preferencias personales?

- ¿Se siente más cómodo(a) con una mujer o un hombre? *(No hay ninguna regla particular con respecto al género. Hay abogados de carácter fuerte y abogadas de carácter más relajado y viceversa).*
- ¿Prefiere trabajar con una persona mayor o joven?
- ¿Qué distancia está dispuesto(a) a recorrer para sus reuniones?
- ¿Cómo le gustaría que fuera la comunicación, por teléfono, correo electrónico, mensaje de texto o en persona?
- ¿Cuán involucrado(a) desearía estar?
- ¿Prefiere un abogado que sea muy formal o bastante casual?

3. Contacto inicial

Durante el proceso de selección, el primer contacto debe ser por medio de una llamada telefónica. Haga preguntas que le ayudena crear una impresión de la personalidad del abogado y sobre cómo trabaja.

Algunas preguntas pueden ser:

- ¿Tiene experiencia con mi tipo de caso?
- Si es así, ¿cuántos casos ha ganado en promedio?
- ¿Cuál es su área de experiencia?
- ¿Tiene tiempo para mi caso?
- ¿Cómo prefiere que le contacte, por teléfono, mensaje de texto, cartas, correo electrónico?
- ¿Cuánto tiempo tarda en devolver las llamadas o los emails?
- ¿Me mantendrá informado(a) sobre las decisiones tomadas con respecto a mi caso?
- ¿Cobra una tarifa fija o de contingencia? (*Vea #61*)
- ¿Cuál es su número de registro? (*Vea #5*)

Incluso si un abogado ha trabajado en su tipo de caso, **no necesariamente significa que es un experto en ese campo**. Su área de experiencia puede ser otra, pero por otras razones (*ayuda a un* *amigo, dinero adicional, fue requerido por una firma*) aceptó un caso fuera de ella.

4. Reflexione sobre la llamada

Justo después de culminar la llamada, reflexione sobre ésta. ¿Cuál es su reacción inmediata? ¿Fue buena? ¿Cómo le pareció el abogado? Pregúntese lo siguiente sobre el abogado:

- ¿Me sentiría cómodo(a) compartiendo información íntima de mi vida con él o ella?
- ¿Tiene mis mejores intereses en mente?
- ¿Respondió a mis preguntas de una manera sencilla?
- ¿Es organizado(a)?
- ¿Respetará mi persona y mi tiempo?

Si respondió "no" a cualquiera de ellas, siga buscando hasta que encuentre a alguien que le brinde seguridad.

5. Debida diligencia

Una vez encuentre a tres abogados que pasen la primera etapa, es hora de indagar aún más. Utilizando sus nombres o números de registro, busque alguna querella en contra de ellos. Cada estado mantiene un registro de las querellas presentadas a cada abogado. Llame a la asociación de abogados de su estado y pregunte para más información.

 CONTENIDO ADICIONAL EN LÍNEA: Investigue el estatuto y el historial disciplinario de un abogado presionando sobre Encontrar a un abogado y luego sobre Asociación de abogados desu estado en www.BeASmartClient.com.

Si no aparecen querellas en contra del abogado, entonces es hora de acordar una cita.

¿RECUERDA LO SIGUIENTE?

1. ¿Dónde puedo encontrar el listado de abogados con sus honorarios?

2. ¿Quién mantiene el historial de querellas de cada abogado?

3. Mencione cinco preguntas que debe hacerse para determinar qué tipo de abogado usted prefiere.

4. Mencione tres referencias externas que le puedan ayudar a buscar un abogado.

2

▶ LA PRIMERA CITA

6. Prepárese

La primera cita es el momento para establecer los hechos. Déjele claro al abogado lo que usted desea y determine si él o ella será capaz de cumplir. No se apresure a tomar una decisión inmediata.

Sea específico al describir lo que desea.

- *Quiero divorciarme y quiero la casa, el auto y el perro.*
- *Voy a demandar por difamación y deseo $50,000.*
- *Quiero que me escriba mi testamento en 30 días.*
- *Quiero cambiar mi compañía de propietario único a LLC.*

Ofrezca detalles específicos sobre su caso para que el abogado le pueda dar una evaluación sustentada. Incluya sus pensamientos y cualquier retroalimentación de aquellos que tienen sus mejores intereses en mente. Presente todo de una manera organizada. Asegúrese de **responder el "quien", "cuando", "dónde" y "por qué"**. Un caso por lo general luce como el siguiente:

Quién: nombre del contratista

Qué: Quiero demandar al contratista por $_____ porque la nueva fachada comenzó a decaerse exponiendo el interior de la casa al exterior. El costo de la fachada fue de $_____ y algunos artículos en el interior sufrieron daños.

Cuándo: Me percaté de los daños luego de tres meses de la instalación.

Dónde: Mi casa en 123 Main Street, Springville, IA.

Por qué: Quiero recibir el dinero suficiente para reparar la fachada y cubrir el costo de los artículos que se dañaron debido al problema.

De esta manera, su abogado tendrá una idea clara de lo que usted desea y el porqué.

7. La primera impresión

Muchos abogados ofrecen una consulta inicial libre de costo. Fije una fecha que le sea conveniente a usted y llegue a tiempo. Tenga a la mano su listado (*Vea #6*) y cualquier otro documento personal y legal que sea pertinente al caso. Asegúrese de llevar una identificación con foto. Bajo ninguna circunstancia <u>lleve niños o mascotas</u>. Llame por adelantado para preguntar sobre la disponibilidad de estacionamiento. Por último, pero no menos importante, vista adecuadamente. Si no está seguro del cómo vestir, pregunte. Vestir con ropa rota o sucia o dar la impresión de que se acaba de levantar envía un mensaje de que usted no tiene mucho interés en el caso. Tenga claro que si usted no cree que su caso es importante, ¿por qué otra persona tendría que hacerlo?

8. Pregunte

¿Sus abogados creen que su caso tiene méritos? ¿Tienen algún método especial que pueda aplicar a su situación? Hacer preguntas y dar peso a las respuestas le ayudará a tomar decisiones sustentadas. Otras preguntas que puede hacerle a sus abogados son:

- En su opinión, ¿qué es lo mejor que puede ocurrir?
- ¿Qué es lo peor que puede ocurrir?
- ¿Tiene alguna idea realista de cómo puede terminar el caso?
- ¿Trabajaría en el caso si usted fuera yo? ¿Por qué o por qué no?
- ¿El estado simpatiza con este tipo de casos? (*Vea #60*)
- ¿Cuánto dinero y tiempo le parece razonable?

Cuando esté buscando qué preguntar, asegúrese de incluir el "quién", "qué", "dónde" y "por qué". Si desea por un testamento en corto tiempo, pregunte si pueden hacerlo durante el tiempo deseado y cuánto cobran por ello. (Conozco de alguien que esperó por más de un año por su testamento) Sus preguntas dependen del caso legal. ¿Hay un tiempo límite para presentar el caso? ¿Usted desea por una restitución en específico? Déjele saber al abogado la información básica. Una vez ellos conozcan sus expectativas, podrán ofrecerle muchas más opciones.

9. Escuche <u>cómo</u> hablan
- ¿Las respuestas de los abogados son muy difíciles de comprender?
- ¿Utilizan mucho lenguaje legal?
- ¿Responden las preguntas con preguntas?
- ¿Les gusta cambiar el asunto?
- ¿Les gusta fanfarronear o sobrevender sus servicios?

Estas son banderas rojas. Si evaden muchas preguntas en la primera reunión, ¿qué pasará durante el caso?

Hay momentos en los cuales el cliente pregunta sobre la situación del caso y el abogado responde: 1) molestando al cliente con preguntas innecesarias, o 2) asignándoles demasiado trabajo hasta el punto en el cual están tan cargados que no piensan lo que el abogado hace - o no hace. Evite este tipo de abogado.

10. Factor de Intimidación

Los abogados pueden ser muy intimidantes y las personas pueden verse obligadas a contratar al primero que encuentren. No caiga en esta trampa. La primera cita es el momento para exponer los hechos. Mientras ellos evalúan su caso, usted debería estar evaluándolos a ellos. Reúnase con al menos tres abogados antes de tomar una decisión. Tome notas y evalúelas luego.

11. Confíe en sus instintos

La primera cita es para determinar si usted puede trabajar con el abogado. Si siente algún tipo de tensión o algo no le parece bien, agradézcales por su tiempo y déjeles saber que se estará comunicando con ellos. Tan pronto como sea posible, preferiblemente durante el mismo día, déjeles saber que no necesitará de sus servicios.

12. Lleve a un acompañante

Se recomienda que vaya acompañado, especialmente si está enfermo(a), bajo medicamentos o no se siente bien. Una segunda persona puede percatarse de más cosas y pensar en más preguntas. Comparen las notas luego de culminar la reunión.

Si cree que el abogado es el correcto y desea contratarlo justo en el momento, pida reunirse con su acompañante en privado antes de tomar una decisión.

13. La sala de espera

Si su cita es para las 10:30 y no lo atienden hasta las 11:00, esto es una bandera roja. Esto puede significar que el abogado: 1) no valora su tiempo, 2) no es organizado o 3) atiende más clientes de lo que es capaz. De todos modos, no es una manera apropiada de iniciar una relación. Si le dan una explicación convincente, deles otra oportunidad. Si no dan explicación, reúnase con otro abogado en su lista. Mi experiencia ha sido que los abogados raramente, si alguna, se disculpan, por lo que no espere que lo hagan.

14. Una puerta giratoria

Si entrevista a un abogado que cambia a sus empleados con frecuencia, tome nota. Una oficina en constante cambio no dice nada bueno. No solo demuestra un posible problema de personalidad, sino que la propia estructura de la oficina (*incluyendo los archivos*) puede verse afectada. *(Conozco de un abogado que visitó cinco paralegales en un año).* ¿Quién es el más que sufre cuando esto ocurre? ¡Usted!

Es muy sencillo estimar la atmósfera de la oficina. Preste atención a cómo se relacionan los empleados y cómo se hablan los unos a los otros. Cuando hable con ellos, pregúnteles cuánto tiempo llevan trabajando allí.

¿RECUERDA LO SIGUIENTE?

1. Mencione cuatro decisiones que pueden incrementar el éxito de su primera cita.

2. ¿Por qué debería llevar a alguien más a sus citas?

3. ¿Por qué usted debería prestar más atención a cómo el abogado habla en vez de lo que dice?

4. ¿Cuánto debería esperar antes de dejarle saber al abogado que no necesitará de sus servicios?

3

►EL PROCESO DE CONTRATACIÓN

Ya encontró a un abogado que parece ser el ideal para usted, ¿y ahora qué? Una buena comunicación es clave durante el proceso de contratación y a lo largo de todo el caso.

15. Discuta sus expectativas

Ya usted debió aclararle al abogado sus necesidades básicas, ahora es el momento de darle más detalles. El abogado es incapaz de leerle la mente, dele tanta información como sea posible. La mejor decisión es obtener nuestra guía de compañía (*Vea Página 93*) Déjeles saber qué usted espera – no solo el desenlace que usted desea, sino cómo desea que se le trate. ¿Qué nivel de servicio usted desea? ¿Cuán a menudo desea actualizaciones sobre el caso? La constitución del cliente incluye un desglose detallado de las facturas, formas de comunicación y otros asuntos que debería discutir con el abogado <u>antes</u> de contratarlo.

16. La Constitución del cliente

Repase cada punto cuidadosamente y elija aquellos que sean importantes para usted. Discútalos con los abogados. Asegúrese de que ellos están de acuerdo con tus condiciones. Si ellos no están de acuerdo con algo que es importante para usted, busque a un abogado que sí lo esté.

<u>La Constitución del cliente</u>

- El cliente deberá comunicarse con el mismo personal a través del caso.
- Si ocurriera un cambio de empleados, el cliente no pagará por el tiempo necesario para

educar a los nuevos abogados/empleados sobre el caso.

- El cliente se debe mantener informado sobre el progreso del caso.
- El cliente debe estar al tanto de todos documentos sometidosa la corte inmediatamente después de presentarlos.
- El cliente debe estar al tanto de toda correspondencia relacionada con el caso.
- Al cliente se le proveerá por adelantado todas las fechas en las que debe presentarse a corte (*disposición, descubrimiento*).
- El costo por fotocopia no puede exceder 15¢por página (o el precio promedio en el estado). Si el volumen de documentos es excesivo, el cliente deberá tener la oportunidad de comparar precios en distintos locales y seleccionar el mejor.
- El cliente deberá recibir una copia de cada recibo de compra (*copias,*

*franqueo, investigadores privados,
etc.).*
- Al cliente se le pedirá una
  aprobación antes de incurrir en
  cualquier gasto por encima de
  $___ (*no menor de $25*).
- Antes de ordenar cualquier
  historial, ya sea medico u otro, el
  abogado verificará por seguros y
  otros bienes para cubrir el costo.
  (*Vea #58*)
- El abogado notificará al cliente
  antes de abandonar un caso (*Vea
  #37*).
- Los honorarios por hora no
  pueden aumentar sin el debido
  consentimiento del cliente.
- El cliente deberá recibir un
  estado mensual detallando los
  costos, el tiempo invertido,
  honorarios y otro tipo de
  información pertinente.
- El cliente deberá recibir copia de
  todos los recibos de venta por
  artículos comprados a
  proveedores externos.

- Los montos presentados por proveedores externos serán cobrados al cliente a su valor nominal.
- El cliente se mantendrá informado de toda comunicación con el abogado y los empleados.
- El cliente deberá esperar eficiencia y responsabilidad hasta completarse el trabajo, incluyendo un archivo del cliente debidamente actualizado y organizado.
- Las reuniones se realizan durante las horas laborables de la oficina al menos que algún cambio sea discutido con el cliente por adelantado.
- Solo un abogado y/o empleado atenderá las reuniones, audiencias u otro asunto a nombre del cliente.
- El abogado a cargo evitará:
  - Tener un exceso de personal.
  - Un cambio frecuente en el personal asignado al caso.

- o La reescritura excesiva de un documento.
- o La asignación de tareas específicas a personas sobre cualificadas o sin la experiencia necesaria para completarlas.
- o La revisión de documentos por muchos cronometradores.
- o Realizar investigaciones prematuras o sin esfuerzo.
- Al cliente no se le cobrará por:
- o Conferencias internas
- o Notas internas o memorandos.
- o Los itinerarios o declaraciones.
- o La investigación relacionada a asuntos sencillos que deberían ser conocimiento del abogado.
- o Cronometraje (*cobro por el tiempo que toma crear la factura*)

 CONTENIDO ADICIONAL EN LÍNEA: Visite www.BeASmartClient.compara más preguntas a abogados.

Archive todo lo que se discuta sobre los acuerdos. Si es posible, pida al abogado que firme una copia.

Envíeles copia de los acuerdos con un mensaje corto, "Envío esta copia de los acuerdos discutidos en (fecha)". Guarde una copia de ambos documentos.

¿Piensa que está sobrestimando su autoridad al exigir a sus abogados lo que usted esperas de ellos? No lo haga. Las corporaciones lo hacen cada vez que pueden. Es un asunto de negocios. No hay nada en la constitución del cliente que exija demasiado o que esté fuera de lo que un cliente debería esperar de su abogado. El discutir y estar de acuerdo con estos asuntos al principio de las conversaciones aumentará las probabilidades de disfrutar de una buena relación abogado-cliente.

17. Dueños de negocios

La constitución del cliente aplica tanto a individuos como compañías. Sin embargo, hay puntos adicionales que aplican específicamente a los dueños de negocios o clientes con casos de acción intensiva.

- Los servicios de mensajería deberán ser ofrecidos a un costo y utilizados únicamente cuando no haya disponibilidad de otra alternativa.
- El servicio de Express mail deberá ser provisto a un costo y utilizado únicamente cuando no haya disponibilidad de otra alternativa.
- El cliente deberá aprobar todo gasto relacionado a viajes.
- Ningún gasto incurrido por viajes locales (menor de 100 millas de la oficina del abogado) será reembolsado.

18. Nivel de participación

No habrá nadie más interesado en su caso que usted. *Decida cuán involucrado desea estar.* Por un lado, usted puede estar muy involucrado y ofrecerse a realizar investigaciones y trabajo de campo que no requieran de una educación en leyes. *(Esto solo puede quesea permitido por firmas pequeñas o abogados independientes)* Mientras que por otro lado, usted puede asumir *mano libre*y permitir que los empleados y abogados hagan todo el trabajo por usted.

Como mínimo, guarde todos los documentos de manera organizada en un solo sitio. De esta manera, usted podrá encontrar fácilmente cualquier documento que necesite. Además, es recomendable mantener un calendario con todas las fechas importantes para que no se le olvide ninguna. *(Nuestros cuadernos incluyen tablas en blanco donde usted podrá fácilmente anotar toda la información importante – vea página 104)*No importa el nivel de participación, no subestime su autoridad o se convierta en una molestia. **Cuando tenga dudas, pregúntele a su abogado**.

19. Acuerdo de honorarios

Una vez se haya decidido por un abogado, este le dará firmar un acuerdo de honorarios. <u>Léalo cuidadosamente</u>. Es un contrato que detalla las acciones que tomará el abogado, los términos de pago y la aceptación de estos por parte del cliente. Ambos deberán firmarlo. Dependiendo del tipo de caso y cuán detallado sea el acuerdo (*Vea #61*) puede que mencione como se van a entablar los honorarios, qué gastos se cubrirán, si se requiere un depósito y cómo se repondrán los fondos. En un caso de contingencia, se especificará el porcentaje del abogado y cuándo se calcularán los honorarios.

CONTENIDO ADICIONAL EN LÍNEA: Vea ejemplos de distintos tipos de acuerdos de honorarios en www.BeASmartClient.com

¿RECUERDA LO SIGUIENTE?

1. ¿Quién firma el acuerdo de honorarios?

2. Si elige tener muy poca participación, ¿qué es lo mínimo que debería hacer?

3. ¿Por qué quisiera usted participar en la resolución de su caso?

4. Para usted, ¿cuáles son los puntos más importantes en la constitución del cliente?

5. ¿Cómo puede archivar el hecho de que ha discutido sus derechos con el abogado?

4

►SEA UN CLIENTE MODELO

Finalmente, contrató a un abogado que satisface sus mejores intereses. Ahora es momento de dejar claro lo que ellos esperan de usted.

20. Las responsabilidades del cliente

LO QUE DEBE HACER...
...Responder a todos los mensajes del abogado lo más pronto posible.
...Intentar que toda comunicación sea breve y al grano.
...Vestirse apropiadamente para todas las reuniones y/o vistas.
...Contarle todo a su abogado.
...Leer cuidadosamente todos los documentos que le dé su abogado.
...Mantener todos los documentos organizados.

...Mantener un archivo de todos los documentos que le dé su abogado. (*Vea Página* 95)

...Asegurarse de que la información de contacto que tiene su abogado esté actualizada.

...Proveer copias de todos los documentos que su abogado le pida y <u>mantener el </u>original (*al menos que se lo solicite*).

...Pagar su factura a tiempo.

...Dejarle saber con tiempo a su abogado si llegará tarde o no podrá asistir a una cita.

LO QUE NO DEBE HACER...

...Enviar muchos mensajes sobre el mismo tema.

...Enviar muchos mensajes en un solo día (*al menos que se trate de una emergencia*). Es mejor consolidarlos en un solo mensaje.

...Mentir.

...Presentarse en la oficina sin una cita.

...Traer niños o mascotas a las citas.

...Involucrarse personalmente con el abogado.

...Contactar testigos u otros involucrados en su caso sin el consentimiento del abogado.

Además de estas reglas, siempre mantenga un ambiente de respeto y cortesía.

21. Respete a los empleados

Los empleados son parte esencial de un equipo legal. Puede que un cliente hable más con ellos que con el abogado. Si tiene una pregunta legal, hable con el abogado. Si necesita algún documento o tiene una pregunta que no requiere una educación en leyes, entonces hable con un empleado. Trate al empleado con la misma cortesía y el respeto con el cual usted trata a su abogado. No escriba muchos mensajes respecto al mismo tema, vaya al grano y sea cortés.

22. Asista al abogado

Dependiendo de cuán involucrado(a)

usted desea estar, cuán cómodo(a) se sienta y los acuerdos que tenga con el abogado, hay varias formas en las que usted puede ayudar.

- **Hacer investigación** que no requiera educación en leyes. En el internet se puede hacer mucho. (*Vea #67, #68*)
- **Recoger y entregar** documentos o copias, especialmente si se necesitan urgentemente. Puede ahorrarle costo adicional (*el cual eventualmente usted terminará pagando*).
- **Obtenerla información de contacto** de amigos y familiares que puedan servir como testigos. <u>**Hable con su abogado antes de hacer esto**</u> en caso de alguna objeción.

Las firmas pequeñas y abogados independientes son más abiertos a la involucración del cliente que las firmas más grandes. Sin importar qué asistencia usted dé, siempre mantenga un archivo de todas las acciones tomadas con el mayor detalle posible.

23. La mente de un abogado

¿No sería de ayuda el saber cómo piensa un abogado? El saberlo, puede ayudarle a usted a entender sus acciones. En su libro, _Lawyer, Know Thyself,_ Susan Daicoff discute la personalidad de un abogado:

> _"Aquellos individuos que deciden entrar a la escuela de leyes generalmente comparten las siguientes características: son muy enfocados en lo académico, son muy dominantes, líderes y atentos y prefieren estar a la vanguardia...Se encontró, en un estudio de comparación que la preocupación por el sufrimiento emocional y el sentimiento de otros tiene menor énfasis que en el hogar de los estudiantes de odontología o trabajo social"._

Básicamente – son lógicos, enfocados, les gusta estar en control y buscan atención.

Tal y como el Sr. Spock en *Star Trek*, los abogados son percibidos como fríos y sin emociones. Ellos se basan en hechos. Son lógicos. No se llevan bien con personas muy emocionales, por lo que se le recomienda dejar el drama para la casa.

24. Hágase escuchar

Cuando usted hable con sus abogados puede suceder que <u>ellos</u> estén tan enfocados en lo que están diciendo que no le <u>escuchen </u>hablar. Si tiene algo que decir, espere a una pausa y hágase escuchar. Mírelos directamente a los ojos, raspe su garganta o haga algún tipo de ruido – cualquier cosa para que se enfoquen en lo que usted está diciendo. Recuerde, a los abogados les gusta hablar, pero asegúrese de aprovechar cada oportunidad para exponer sus ideas. Si cobran por hora, guíelos al tópico de interés lo más pronto posible.

25. Entablar confianza

Es fácil aumentar la confianza para que usted se sienta en control.

- Imagine que lleva puesta una capa como Superman o una corona o tiara en la cabeza. Puede sonar ridículo, pero estas imágenes mentales pueden hacer que usted se sienta fuerte e importante. ¿Prefiere otra imagen? Cree una que le haga sentir confiado.

- Preséntese con la mejor imagen posible. No importa cuánto cueste su traje, lo que importa es que luzca con confianza tanto en comportamiento como en vestimenta.

- Aumente su energía. Presionar sobre los puntos K-27 de acupresión justo antes de la cita puede ayudarle a sentirse más alerta. Presione sus dedos sobre la clavícula, deslícelos hacia el centro y busque los levantamientos donde se detienen. Baje una pulgada hacia abajo y levemente hacia afuera. Muchas personas tienen una leve hendidura aquí. Suavemente, presione o dé masajeen esos puntos mientras respira profundamente (*a través de la nariz y exhala por la boca*) por 20 segundos. Esto hará que la energía fluya en la dirección correcta y le ayude a pensar claramente.

- Aumente su espacio personal. En vez de mantener su cuerpo y pertenencias directamente en frente de usted, extiéndase un poco. Sin ser muy dramático, ponga un brazo sobre la silla más cercana. Deje sus pertenencias en la mesa en vez de en el suelo. Tome más espacio (*no demasiado*) del que normalmente toma.

- Inténtelo en un restaurante: Primero, mantenga sus pertenencias en un espacio pequeño, todas juntas. Entonces, extiéndase un poco y note si hay una diferencia en cómo le atienden los meseros. Esto ha sido demostrado. Laspersonas que toman más espacio se perciben como importantes y son atendidas con más respeto.

- Mantenga contacto visual. Una de las primeras señales que demuestra que las personas están nerviosas es cuando no pueden mantener contacto visual. Este tipo de personas miran al suelo, sus manos, a la mesa, a cualquier sitio en vez de la persona con la cual están hablando. Practique para lograr mantener los ojos enfocados en el abogado y no retroceder. No solo mire, sonría, parpadee y preste atención a lo que están diciendo. Aparentará tener mayor confianza.

26. ¿Control o manipulación?

Usted quiere un abogado que esté en control, que tenga liderazgo y mueva el resultado a su favor. Los problemas llegan cuando ellos intentan manipular al cliente. Ellos pueden hacer cierto tipo de preguntas con cierto tono que le obliguen a usted a responder algo en específico (*tal y como ocurre con los vendedores*). O tal vez piden que haga algo que usted puede considerar irrazonable. Si siente que esto es lo que está ocurriendo, pregúntese lo siguiente:

- ¿Cómo esto ayudará a mi caso?
- ¿Esto está conforme con lo acordado en la constitución del cliente?
- ¿Qué pasaría si hago o no hago esto?
- ¿Hay otras opciones?

Estudie bien todas las opciones, y si aún usted entiende que no sirven sus mejores intereses, dígales que el asunto se ha considerado y no va a discutir más sobre el mismo al menos que se ofrezca nueva información.

¿RECUERDA LO SIGUIENTE?

1. Mencione cinco responsabilidades de un cliente

2. Si el abogado solicita un documento, ¿usted le entrega una copia o el original?

3. ¿De qué formas puede usted ayudar con su caso?

4. ¿Cuáles son las cuatro características de un abogado?

5. ¿Qué debe usted hacer si siente que está siendo manipulado?

5

►FINALIZAR LA RELACIÓN

Cuando todo esté dicho y hecho, en el mejor de los casos cada cual sigue por su lado sin ningún inconveniente. Usted obtuvo el resultado deseado y el abogado recibe su paga. Terminar el asunto es muy simple. El abogado le hará entrega de un documento que detalla cualquier asunto adicional y/o acciones a tomar o simplemente se lo dice verbalmente.

¿Pero qué sucede cuando la relación no termina bien? ¿O usted siente que usted necesita para conseguir un nuevo abogado? ¿A usted le aterra el tener que despedir a su abogado? No debería. Si usted contrata a un plomero y él no se presenta dentro de dos semanas, probablemente usted no tenga problemas en despedirlo, ¿no es así? Despedir a un abogado no tiene por qué ser distinto. Sin embargo, hay ciertas cosas que usted debería considerar antes de darle su despedida. Buenos consejos pueden evitar futuros problemas.

27. Hable con ellos

Antes de suspender los servicios de sus abogados, es mejor que usted hable con ellos. Si piensa que no le están dando a su caso la atención que este requiere, comuníqueselos. Puede que se trate de un simple problema de comunicación. Si el problema se debe a una sobrefacturación, puede ser un problema de contabilidad. Intente darles el beneficio de la duda. Una simple llamada de menos de 10 minutos puede ahorrar tiempo y dolores de cabeza.

28. El momento oportuno

Usted puede cambiar de abogado en cualquier momento, pero antes de hacerlo es mejor pensar en las consecuencias. El hacerlo puede atrasar su caso. Si usted se ve en la obligación de buscar a un nuevo abogado, hágalo tan pronto como sea posible. Si espera al día del juicio u otra fecha importante, puede que se haga difícil encontrar a alguien dispuesto a tomar el caso tan tarde.

29. Inacción del abogado

¿Piensa que el abogado perdió el interés en el caso? ¿No está devolviendo las llamadas o no le mantiene informado? (*¿Discutiste esto en los acuerdos al principio, no?*) Antes de despedirlo, envíale un correo electrónico o una carta que incluya un mensaje fundamentado y sin insultos. Si no le responde o no soluciónalo que a usted le preocupa de manera satisfactoria, entonces es hora de interrumpir sus servicios.

30. Busque una segunda opinión

Si cree que el problema es algo más profundo que un simple conflicto personal o un desacuerdo, hable con alguien, pero **no mencione el nombre del abogado** o cualquier otra información que lo identifique. *Siempre siga esta regla, especialmente si usted está hablando en público o por teléfono,* pues podría exponerse a una demanda. Considere hablar con un abogado en el mismo campo legal y pida que evalúe las acciones del abogado.

31. La asociación de abogados

La asociación de abogados es una excelente fuente de información. Sin revelar el nombre del abogado o de la firma, cuénteles la situación. Ellos no podrán dar ayuda legal, pero sí podrán decir si las acciones tomadas por su abogado representan un problema.

32. Razones personales

Tal vez usted desea detener el caso por razones personales. Tal vez decida que no le conviene vender su negocio, se reconcilió con su pareja o el caso está arruinando su vida. Sin importar la razón, ha tomado la decisión de detener el caso. Solo asegúresele que es una decisión voluntaria y nadie le está forzando a tomarla.

33. ¿Abandonar o posponer?

Si su caso envuelve un litigio, hable con su abogado para saber cómo va progresando el caso y las opciones disponibles antes de salirse. Pregunte si hay un estatuto de limitación, por si acaso usted decide presentar otra vez en el futuro. (Ver #54)

34. Tiene derecho a su archivo

Finalmente, usted ha decidido romper la relación con su abogado. ¿Qué pudiera esperar? Primero que nada, usted tiene derecho a una copia de su archivo *menos el producto de trabajo*. El producto de trabajo consiste de conversaciones privadas realizadas por su abogado, investigaciones, anotaciones, escritos y otro tipo de material confidencial. Usted tiene derecho a cualquier declaración si paga por ellas.

El abogado le puede cobrar a usted por una copia de su archivo, asegúrese de que esto haya sido discutido en los acuerdos de honorarios. Debido a que ya usted debió haberse identificado en todos los documentos presentados ante la corte y en toda correspondencia, el número de documentos que usted realmente necesita puede que sean pocos.

35. Cantidades adeudadas
Si pagó un depósito, usted tiene derecho a un reembolso junto con sus archivos. El reembolso deberá incluir un resumen de todos los honorarios y costos. Verifique esto con su estado de cuenta mensual. Si usted debe dinero, el abogado deberá entregarle su archivo una vez reciba el pago.

36. Arbitraje y Mediación
En vez de un juicio, usted puede solicitar un arbitraje, donde las partes someten sus disputas ante un tercero, quien asume la parte de un

árbitro. Por lo general, los árbitros son jueces retirados o abogados con experiencia. Una vez ambas partes hayan presentado su evidencia, el árbitro tomará una decisión que es jurídicamente vinculante. Por otro lado, en una mediación, al mediador no se le requiere una educación en leyes. El mediador sugiere cosas a las partes, las cuales estas pueden rechazar o aceptar.

CONTENIDO ADICIONAL EN LÍNEA: si usted decide presentar una queja, visite www.BeASmartClient.compara la información de contacto de la asociación de abogados.

37. Reportar a un abogado

Hay cosas que se no son éticas; si un abogado no somete documentos a tiempo, no le avisa sobre los días que tiene que ir a corte o sugiere que mienta, está incumpliendo con su profesión y es recomendable reportarlo a la asociación de abogados. Otros ejemplos que pueden ser causa para acciones disciplinarias son:

- Representan a la otra parte, ya sea en su caso u otro.
- Tergiversan su trabajo irresponsablemente.
- No proveen documentos de contabilidad que detallen la cantidad de dinero que deben o guardan.
- Llega a un acuerdo sin su consentimiento y nada en los acuerdos de honorarios que ambos discutieron se le es permitido hacer tal cosa.

Para presentar una querella, contacte a su asociación de abogados más cercana. Más detalles en www.BeASmartClient.com

38. Presentar una querella

Cuando vaya a presentar una querella, asegúrese de tener todos los hechos claros. Usted va a necesitar pruebas. Los presentimientos o intuiciones no tienen cabida en una corte. Deberá ser capaz de presentar evidencia, ya sea con documentación o testigos. El presentar una querella no garantiza que el abogado sea sancionado, pero al menos debería causar una impresión.

¿RECUERDA LO SIGUIENTE?

1. Al finalizar su caso, ¿usted tiene que pagar para recibir su archivo?

2. ¿Por qué usted no debería mencionar el nombre de su abogado cuando hable con otros con relación a su comportamiento?

3. Mencione cinco comportamientos que puedan considerarse fuera de lugar.

4. ¿Que podría pasar si usted cambia de abogado cercano a la fecha del juicio?

6

▶LISTA DE QUEHACERES

La clave de todo es dejar un rastro. Mientras más documentos y detalles, mejor. Tenga cuidado. Nunca se sabe cuál puede ser la 'pistola humeante' que puede quebrar o solucionar su caso.

39. Todo está en los detalles

Las acciones a tomar dependen de cada caso. Si usted necesita la escritura de un contrato de negocios, no tendrá mucha involucración. Si a usted lo hirieron en un accidente y busca restitución, su lista de quehaceres puede ser de nunca acabar. Los abogados deben decirle todo lo que necesitan, pero en ocasiones se distraen. Los siguientes pasos están dirigidos a *demandas por lesiones personales* y están muy detallados. Mucho de esto se puede hacer antes de contratar a un abogado. Si su asunto es de menor complejidad, siga solo los pasos que apliquen.

El manual del cliente es excelente para llevar la cuenta de todos los aspectos con su caso en un solo lugar. (*Vea página 95*)

40. Escriba un diario

Tan pronto como sea posible, comience un diario que detalle todo lo que ocurra cada día en su caso. Mientras más tarde en comenzarlo, más detalles olvidará. Si a usted no le gusta mucho escribir, busque a alguien que lo haga por usted y mándelo a transcribir.

Comience su diario con detalles claros del incidente. Mencione tantos detalles como sea posible.

► <u>Fecha</u>
► <u>Localización</u> (*dirección y descripción*)

▶ <u>Personas/animales</u> – una descripción de todos los involucrados
▶ <u>La información de contacto</u> de los testigos
▶ <u>Tablillas</u>, señales, pegatinas, condición, etc., de los vehículos
▶ <u>Fecha y hora</u>
▶ <u>Condiciones</u> del clima

Una vez comience su diario, manténgalo actualizado. *Anote todo, sin importar si cree o no cree que es importante*, luego tendrá tiempo para hacerlo. ¿Qué cosas debe escribir en su diario? Conversaciones, pensamientos y acciones tomadas.

Conversaciones
Cada vez que hable con alguien relacionado con su caso, anote lo siguiente:

▶ Primer y último nombre de todos los participantes.
▶ Ocupación de la persona y/o su relación con su caso (*proveedor médico, testigo, mecánico*)

► Información de contacto (*nombre, teléfono, dirección, correo electrónico*)
► Fecha
► Hora y tiempo de duración (*incluya a.m. o p.m.*)
► Ubicación (*teléfono, correo electrónico o dirección física si se encontraron en persona*)
► Asunto discutido (*incluya detalles y citas directas si es posible*)

El propósito es mantener una imagen vívida del momento, incluyendo tantos detalles como sea posible.

Pensamientos
Anote todos sus pensamientos.

► Su estado emocional *(feliz, deprimido, triste, enojado)*
► El motivo de su estado emocional *(triste porque no pude asistir a una boda debido a mis lesiones. Aterrado porque no puedo pagar mis deuda*s)

El propósito es hacerle saber a las personas su estado de ánimo.

Acciones tomadas

Anote todo lo relacionado con su día a día y cómo el caso le ha afectado.

▶ Eventos que sean producto del caso (*citas con doctores*)
▶ Cosas que ya no pueda hacer (*caminar, lavar ropa, podar la grama*)
▶ El cómo sus heridas afectan su vida diaria (*no puedo permanecer sentado por un largo periodo de tiempo*)

Detalle de forma específica el cómo su vida ha cambiado debido al incidente.

41. Lista de contactos

Mantenga toda la información de sus contactos en un solo sitio. Alguna información puede que ya esté en su diario, <u>pero mantenga un archivo adicional</u> pues será más fácil de obtener luego. *Agrupe sus contactos de acuerdo a su importancia en el caso* — testigos, proveedores médicos, etc. Guarde los nombres de aquellas personas que usted contacta con frecuencia. Cualquier cosa que pueda ahorrarle tiempo y lo mantenga sano emocionalmente, vale la pena. **Mantenga la lista actualizada.** No borre los contactos de las personas que ha contactado pero ya no trabajan en la compañía, sino anote que están inactivos. Puede que tenga que contactarlos luego.

Incluya a los asistentes y grupos de apoyo en su lista de contacto. Ellos pueden servir de ayuda en el futuro. Cuando un abogado, doctor u otro profesional no esté disponible, los asistentes pueden ayudar a localizarlos o responder preguntas.

Intente incluir lo siguiente para cada contacto:

Nombre
Teléfono (Principal)
Teléfono (Otro)
Dirección (calle)
Dirección de correo
Correo electrónico
Compañía
Ocupación (*doctor o asistente, abogado o paralegal, etc.*)
Relación con el caso (*proveedor médico, testigo, etc.*)
Horas/Días en los que están disponibles
Comentarios

42. Anote sus impresiones

Conseguir el hábito de registrar la impresión de una persona. Detalles como si fueron 'servicial' o 'tuvo un accidente similar al mío' pueden servir de ayuda en caso de que tenga que volver a contactarlas. Esto además le ayudará a mantener una buena relación y las personas estarán más dispuestas a ayudarle. Si siente que no serán de ayuda o no es apropiado hablar con ellos, anótelo para que así no pierda su tiempo en el futuro. *Mientras más usted anote, menos cosas tendrá que recordar.*

43. Anote las fechas

Un diario sirve para anotar el pasado, mientras que un calendario sirve para anotar el futuro. Un ejemplo de algo que usted podría anotar en su calendario es: "Si hoy no he escuchado del Sr. Jones, enviar Carta #2" (vea #49). "Si hoy no he recibido un reporte, llamar al abogado".

Los abogados se mantienen al corriente de las fechas utilizando un calendario. Pregúntele a su abogado por las fechas para que así usted pueda anotarlas en su calendario. Esto puede que no sea necesario, especialmente si usted no prefiere estar muy involucrado. Pero ha habido casos en los cuales los abogados han olvidado las fechas límites para entregar declaraciones o llenar documentos con la corte. *(Vea #37)* Estos errores afectan de manera negativa al caso. Si se acerca una fecha importante y usted no recibe una notificación de que se ha tomado una acción, llame a su abogado inmediatamente y pídale un reporte del estado de la situación.

44. Registre pérdidas de ingreso Su abogado debe proveerle un registro para llevar la cuenta de todos los ingresos y gastos, pero muchos no acostumbran a hacerlo. **Queda de usted mantener un historial confiable**. Si perdió un día de trabajo debido a un accidente, mantenga un historial de los días en los que estuvo ausente. Si usted es empleado, posiblemente se le hará sencillo mantener un historial de los días en los cuales faltó al trabajo.

Si usted se emplea a sí mismo, acostúmbrese a llevar un historial de su itinerario de negocio. ¿No pudo asistir a una reunión debido a una cita con su doctor? ¿No pudo presentar un seminario que hubiera podido resultar en nuevos contactos o más ingresos? Anótelo.

Al igual que la lista de contactos, esta información estará en su diario *pero se recomienda mantener un archivo aparte exclusivamente diseñado para llevar cuenta de las pérdidas de ingresos*. De esta manera, todo estará más organizado y será más fácil de encontrar en el futuro. Una tabla sencilla como la que se muestra abajo es suficiente.

Fecha	Ingreso	Razón
		Detalles de la pérdida de oportunidades de hacer dinero o nuevos contactos para futuros ingresos.

45. Guarde todos los recibos

Los gastos médicos y legales son fáciles de recordar, pero mantenga su mente abierta. Si un accidente impide que complete alguna tarea, mantenga una cuenta del dinero que pagó para que se completara (*podar la grama, limpiar la casa, lavar la ropa, etc.*). ¿Tomó Pepto Bismol porque los antibióticos se están comiendo su estómago? ¿No se le hizo posible utilizar la membrecía paga del gimnasio debido a sus lesiones?

Mantenga el total de todos los gastos, para que así se le haga más fácil su estudio. Si un recibo no incluye la descripción, escríbela. Su registro de gastos será algo parecido a lo siguiente:

Fecha	Gasto	Cobrador y descripción
1/2/12	$15.45	CVS – Antibióticos
1/2/12	$ 1.80	Franqueo–envío de documentos originales con firma al abogado
1/4/12	$ 8.25	20 millas – Visita al doctor: gasolina y estacionamiento

46. Registre toda comunicación

Además de los otros detalles del día a día, anote en su diario toda comunicación relacionada con su caso. Esto incluye llamadas telefónicas, correos electrónicos, mensajes de texto, cartas y conversaciones en persona. Mantenga una copia de todo documento adjunto en su correspondencia.

>Las llamadas telefónicas son fáciles de rastrear, especialmente si usted utiliza teléfono móvil. Anote el día y la hora, con quién habló y el asunto de la llamada. Un diario detallado tiene un gran peso en la corte. Usted también puede grabar las conversaciones, pero esto puede ser ilegal en su estado. Cada estado tiene leyes con relación a las grabaciones telefónicas, por lo que es recomendable que verifique primero. Cuando se discuta algo relacionado a una fecha o acción en específico, dele seguimiento escrito con la otra persona, reiterando lo discutido. Puede ser tan simple como un correo electrónico breve: *"Tal y como discutimos hoy por teléfono, me enviará lo que encontró sobre el Sr. Smith a más tardar el miércoles 23"*.

>La correspondencia escrita deja un rastro y es importante en cualquier demanda. Mantenga copias de todas las cartas que envíe y reciba, *incluyendo cualquier* *documento adjunto*. Muchas de las cartas pueden ser enviadas utilizando el servicio postal de los Estados Unidos. Si envía algo que requiera una respuesta o el original de algún documento, **pídale al recipiente que firme que lo recibió**. Muchas compañías privadas ofrecen este servicio (*FedEx, UPS*). El servicio postal de los Estados Unidos ofrece Correo certificado con acuse de recibo. Esto también le permitirá rastrear el paquete y saber cuándo se entregó y quién firmó.

47. Lo básico de la comunicación

Incluya su información de contacto en todo. La ubicación no importa – puede ser en la parte superior de la carta o bajo la firma. Esto aplica a todo tipo de comunicación. Incluya una línea del asunto, la cual provea suficiente detalle sobre lo que se discute, para que así el recipiente tenga una idea antes de comenzar a leer. Incluya su nombre, cuenta o número de caso, fecha y nombre del acusado. (*Vea un ejemplo abajo*)

Dirección
Ciudad, Estado y Código postal
Dirección de correo electrónico
Número (s) de teléfono

Fecha

Dirección

Re: Su nombre
Caso No.: 12345
Fecha: 7/26/11
Acusado: Nombre

Estimado(a) (Sr./Sra. Nombre del Sr. o Sra.):

Cuerpo de la carta

Atentamente,

Su nombre

Documentos adjuntos- *Mencione todos los documentos adjuntos*

cc: *Mencionar a todos los que recibirán copia*
bcc: Mencione a todos los que reciben   copia pero que usted no desea que los demás se enteren. Esto no se escribe en la carta a enviar, solo en la suya.

---

48. Rastro de los emails

Cuando envíe un correo electrónico (email), guarde una copia para usted, la cual incluya la fecha del envío. Cree un archivo especial en su correo electrónico y mueva todos los correos a él para encontrarlos rápidamente. Cada vez que envíe un correo electrónico, cámbiele la línea del asunto para que refleje el contenido. Por ejemplo, si el abogado le envió un correo solicitando aprobación para un gasto, el asunto de su respuesta debe ser algo como: "Respuesta a la aprobación del gasto". Una **línea del asunto bien detallada** simplifica el proceso de búsqueda por un correo en específico.

49. Escriba cartas en masa

Por lo general, el abogado es quien contacta a las compañías, pero si usted está tratando con los negocios antes de contratar al abogado, hay pasos que puede tomar para simplificar el proceso. Si se trata de un negocio difícil de contactar (*las compañías de seguro son un ejemplo*), utilice la carta original como una plantilla para escribir futuras cartas. Si la compañía no toma acción luego de la primera carta, utilice la carta original y haga referencia a la carta anterior en el primer párrafo.

"Me dirijo a ustedes porque no he recibido respuesta a mi carta enviada en enero 31, 2013".

Copie y pegue el resto de la carta original.

Si usted se está comunicando por correo electrónico, utilice el correo anterior para crear uno nuevo y haga referencia al correo electrónico anterior.

50. Vaya al grano

En toda correspondencia, deje claro los hechos. No sea emocional. No sea profano. Vaya al grano, inmediatamente. En vez de escribir: "el empleado, muy rudo él, dijo que me enviaría los documentos pero nunca lo hizo", escribe: "*Aún espero por los documentos que el Sr. Jones prometió enviar cuando conversamos en mayo 15 a las 2:15pm*".

51. Dé tiempo para responder

Luego de enviar la primera carta y no recibir respuesta, ¿cuánto tiempo debería esperar antes de enviar una nueva? Usted no quiere que se olviden del asunto, pero tampoco quiere tornarse en una molestia. Aconsejo que *si no ha recibido una respuesta dentro de dos semanas, envíe la siguiente carta.*

52. Llévelo al siguiente nivel

¿Qué tal si nunca recibe respuesta? Siempre dé a las personas dos oportunidades para responder, si aún no lo hacen contacte al supervisor. Si aún no está satisfecho, comuníquese con alguien por encima del supervisor y así sucesivamente. Siga la línea de mando. Si tiene que llegar al tope y comunicarse con la cabeza de la compañía, hágalo. No estarán contentos de escuchar sobre el pobre servicio de atención al cliente y se asegurarán de que la situación se maneje lo más pronto posible. (*Tal vez sea mejor ir directamente al dueño de la compañía o al gerente de departamento desde un principio, puede ahorrarle tiempo*)

¿RECUERDA LO SIGUIENTE?

1. Mencione cinco cosas que debe incluir en su lista de quehaceres.

2. ¿Cuándo debería solicitar un recibo de envío?

3. ¿Cuánto tiempo debería esperar antes de enviar otra carta?

4. ¿Qué significa que un abogado anote una fecha en su calendario?

5. ¿Por qué debería mantener un registro de contactos e ingresos?

6. ¿Qué debería hacer si un recibo no tiene descripción?

7. ¿Qué tres cosas debería escribir en su diario?

8. Mencione cinco elementos de su información de contacto

7

►LO BÁSICO

Aunque el comportamiento varía dependiendo del abogado y el tipo de caso, existen unos fundamentos básicos que aplican a todos los casos. Aprender y entender estos y usted ahorrará tiempo y dinero. Seguirlos y serás su mejor defensor.

53. Manténgase enfocado

Manténgase siempre enfocado en la meta. Si desea presentar una demanda por $5,000 y los honorarios del abogado le costarán a la larga mucho más que eso, debería repensar las cosas. ¿Necesita una escritura? El costo y el tiempo no tienen por qué ser excesivos, por lo que si su abogado parece tomar más tiempo de lo ordinario, debería pedirle una explicación. Una de las primeras cosas a discutir es el periodo de tiempo que le tomará terminar la escritura (*Vea #8*). Antes de decidir si contrata sus servicios, considere cuánto tiempo y dinero usted está dispuesto a invertir. Además, pregúntese: *¿vale la pena?*

54. Estatuto de limitaciones

Tal vez no sepa si continuar con el caso. Hay muchas razones por las cuales usted quisiera detener las cosas, pero tenga en cuenta que hay una fecha límite para presentar una demanda.

La fecha límite es conocida como el *estatuto de limitaciones*. Para casos relacionados a lesiones personales, el estatuto puede ser desde uno a seis años a partir de la fecha del incidente; para daños a la propiedad, es de uno a diez años. Cada estado tiene sus propias fechas límites. Verifique con la asociación de abogados de su estado o llame a un abogado que practique en el campo.

CONTENIDO ADICIONAL EN LÍNEA: Para obtener más información sobre la agencia de abogados estatal, visite www.BeASmartClient.com

55. Prepárese para todo

Asuma que nada será fácil. Actúe como si estuviera contra una enorme compañía o el gobierno. Algunas personas pueden pensar que este tipo de negativismo es perjudicial, pero yo digo que es práctico. Si usted piensa que todo saldrá bien y termina no siendo así, le será más difícil salir de la desilusión. Por el contrario, si piensa que será una carrera difícil ya se está preparando contra la adversidad y se sentirá como todo un ganador hasta por la victoria más pequeña.

56. Sin garantías

¿Qué sucede cuando el acusado no tiene seguro o bienes personales para adjuntar? Los abogados por lesiones personales, por lo general, trabajan casos que tienen seguridad de ganancias al resolverse. Si no hay tal promesa, entonces no hay abogado. Los anuncios que presentan abogados desinteresados solo presentan parte de la verdad. Para que a los abogados les importe el caso, el acusado o su compañía de seguros tienen que tener grandes bolsillos. *Tiene que haber dinero para que ellos inviertan su tiempo.*

57. Sea realista con el tiempo

Los abogados en la televisión resuelven los casos en 60 minutos. En la vida real, los casos pueden tomar años. El descubrimiento de prueba nada más (*declaraciones, interrogaciones, obtención de archivos*) puede tomar meses, incluso años, en obtener. Las demandas por lesiones personales puede que no se presenten hasta que un experto declare que el estado de salud de la persona está en las mejores condiciones posibles, conocido como máxima mejoría médica (MMI, por sus siglas en inglés).

Para asuntos sin litigación, como

búsqueda de patentes o planificación estatal, el tiempo de duración es mucho menor. Pregúntele a su abogado cuánto estima que le tomara el caso. *Usted juega un papel muy importante en esta parte.* Mientras más rápido usted provea la información, más rápido el abogado podrá completar el trabajo.

58. Paciencia con los archivos

Pídale a su abogado que averigüe la disponibilidad de seguros o bienes <u>antes</u> de ordenar archivos médicos u otros archivos. Estos archivos pueden costar miles de dólares, los cuales eventualmente usted terminará pagando. Usted tiene que asegurarse de que la recompensa monetaria será lo suficientemente grande para justificar los gastos.

59. Juez v. Jurado

Solo un 4%-5% de los casos por lesiones personales en los Estados Unidos llega a juicio, en muchos casos se llega a un arreglo antes del juicio. El noventa por ciento de los casos por lesiones personales que llegan a juicio se pierden. Si usted es de esos que llega al juicio, solicite a un juez. **A los casos les va mejor cuando se litigan frente a un juez** *que frente a un jurado.*

60. El resultado varía por estado

Su lugar de residencia hace una gran diferencia. Por ejemplo, Colorado está en la posición 48vo en adjudicar daños punitivos. La gente aún considera a Colorado como el "Viejo oeste", por lo que cuando algo malo pasa ellos tienen la responsabilidad de "parecer duros". *Traducción*: los casos se arreglan por menos aquí que en casi cualquier otro estado.

61. Los honorarios del abogado

Hay cuatro tipos de planes de pago:

- Tarifa por hora
- Tarifa fija
- Depósito
- Tarifa de contingencia

Cobrar por hora es la forma de pago más común. La tarifa por hora depende de la localización, el tamaño de la firma y la experiencia del abogado. Un abogado que pertenezca a una firma grande en la zona metropolitana de una gran ciudad puede cobrar desde $200 hasta $600 por hora; un abogado independiente que trabaje en un pequeño pueblo puede cobrar desde $100 hasta $200; un abogado que se especialice en un área específica de la ley puede exigir hasta $1,000 por hora.

●**Las tarifas fijas** por los regular se utilizan en casos sencillos y bien definidos. Algunos ejemplos lo son: testamentos, bancarrotas o un divorcio por acuerdo mutuo.

● Una retención es un anticipo sobre un caso de tasa por hora. El abogado mantiene el depósito en una cuenta de confianza y los honorarios y los costos se deducen de esta. Si el depósito se agota antes de finalizar el caso, el abogado requerirá más dinero antes de continuar sus funciones.

●Cuando se trabaja por una **tarifa de contingencia** el abogado no solicita dinero por adelantado y solo cobra del dinero obtenido al finalizar el caso. Ejemplos de casos de contingencia son: accidentes automovilísticos y otros casos de lesiones personales, negligencia médica y cobro de deudas. Los honorarios en casos de contingencia regularmente son 33-1/3% si el caso no llega a corte y 40% si llega a corte.

62. Manejar los cambios

Si sufre una herida permanente, tal vez tenga que alterar su estilo de vida. Usted no podrá cambiar eso, pero sí puede decidir cómo reaccionar. Tendrá que adaptarse, pero los humanos somos buenos en eso. Tome tanto tiempo como necesite, pero intente seguir hacia adelante todos los días, aun si es poco a poco. Las cosas mejorarán. (*Vea #87*)

63. Sin comparación

Su situación es única y siempre habrá aquellos con mejor o peor suerte. No compare su situación con la de los demás y solo concéntrese en lo que es mejor para usted. *Usted no puede cambiar el viento, pero sí las velas.* Controle lo que pueda y olvídese del resto.

64. La boca que rugió

Muchas personas prefieren ser amables, sin embargo, *hay quienes piensan que la amabilidad es sinónimo de debilidad*. Una conducta agradable puede que no sea ventajosa en ciertas situaciones. Por ejemplo, imagine que una agencia no quiere revelar ciertos documentos necesarios para su caso. Tome un consejo de la película *We Bought A Zoo,* donde Matt Damon dijo: "Sabes, a veces se necesitan veinte segundos de descontrolada locura". Aumente su valentía, suba el volumen y déjese escuchar. Claro, nunca insulte o sea desagradable, ni vaya con amenazas. Si no cree ser capaz de lograrlo, tal vez otra persona puede exigir lo que se necesita sin ser rudo.

65. Casos civiles y penales

En las demandas por lesiones personales existen dos tipos de casos: civiles y penales.

Un caso penal es juzgado por un abogado público que demanda al acusado por la violación de leyes u ordenanzas al cometer los hechos. Se cubren todos los gastos incurridos (gastos *médicos, recetas, copagos, salarios para las personas que hicieron lo que usted fue incapaz de hacer – lavado de ropa, podar la grama, mandados, cocinar, etc.)*No se permite que el dinero otorgado sea destituido por medio de una declaración de bancarrota.

Un caso civil es presentado por un abogado privado **contratado por el**

demandante. Cubre **pérdidas de ingreso y dolor y sufrimiento** y permite que el dinero otorgado sea destituido por medio de una declaración de bancarrota. En un caso civil, el ingreso de una persona no puede ser embargado.

¿RECUERDA LO SIGUIENTE?

1. Tiene mejor posibilidad si lleva su caso a un: a) jurado, b) juez o c) a una corte de televisión.

2. ¿Cuál es la manera más fácil de encontrar el estatuto de limitaciones para su tipo de caso?

3. ¿Por qué es mejor planificar para lo peor y esperar lo mejor?

4. Mencione tres diferencias entre casos penales y civiles.

5. ¿Qué significa una tarifa de contingencia?

8

▶INVESTIGACIÓN

En la mayoría de los casos, los abogados y sus grupos de trabajo llevan a cabo todo tipo de investigación. Sin embargo, hay buenas razones para que usted haga su parte. El llevar a cabo sus propias investigaciones puede ahorrarle tiempo y dinero. Puede confirmar hechos y exponer mala información. Tal vez quiera verificar las cosas antes de contratar a un abogado. En mi caso, por ejemplo, el investigador tenía mucha información incorrecta por lo que al compartir lo que yo encontré me ahorró tiempo y dinero. Y lo mejor de todo es que hay muchos recursos disponible – **la gran mayoría de ellos son gratuitos**.

¿Qué tipo de investigación usted puede hacer? Todo depende de lo que le permita hacer el abogado.

66. Verificación de antecedentes

Este informe contiene muchos detalles que pueden utilizarse para descubrir otro tipo de información. Su abogado puede ordenar uno o usted puede solicitar uno por su cuenta. Hay muchos sitios en línea que ofrecen este servicio. Una verificación de antecedentes puede incluir:

- El nombre del sujeto, incluyendo nombres previos como el apellido de soltero.
- Número de seguro social
- Fecha de nacimiento
- Edad
- Bancarrota
- Inmobiliaria
- Afiliaciones corporativas (*si están registrados como funcionarios)*
- Dirección (actual y previa)
- Gravámenes y juicios

- Presentaciones a la UCC
- Listado telefónico
- Clasificación en una corporación (*si está afiliado*)
- Licencia de conducir
- Descripción del vehículo
- Registro de votante
- Historial criminal
- Delitos sexuales
- Permisos (*de caza, de armas, etc.*)
- Conocidos (*no familiares*)
- Información de los parientes

67. Afiliaciones corporativas

Si el reporte menciona que la persona es miembro de una corporación, investigue más a fondo. El Secretario de estado (SOS, por sus siglas en inglés) es quien mantiene esta información. Puede llamarlos directamente o investigar en su página de internet buscando por "Secretario de (*su estado*)". La página de internet le instruirá sobre el cómo buscar el historial de un negocio.

CONTENIDO ADICIONAL EN LÍNEA: Para más información sobre el Secretario de estado, visite www.BeASmartClient.com.

En la página del Secretario de estado usted podrá encontrar:

- Nombre del negocio
- Nombre comercial o marca
- Agente legal
- Titular
- Registrante del nombre del negocio
- Registrante de la marca

Si su caso es contra el dueño de un negocio, el agente legal es a quien usted presentará la citación legal. Si el dueño es su propio agente legal, haga una investigación de la persona para saber si él sirve como agente legal de otras compañías. Esa información puede venir de ayuda si la persona resulta ser difícil, pues puede abrir más opciones. *Recuerde, mientras más información usted tenga de una persona, mejor.*

Puede que encuentre otros detalles, asegúrese de guardar una copia de todo.

68. Propiedad inmueble

Luego de que obtenga la dirección del acusado, verifique el informe del asesor para conocer si es dueño de la propiedad. En algunos países, los asesores mantienen esta información en línea. Si ese no fuera el caso o no puede encontrar el informe del asesor, llame a su asesor del condado (County Assessor) para obtener detalles sobre la propiedad. A toda persona que paga una hipoteca se le requiere un seguro de propiedad. Esto puede pagar sus gastos médicos, entre otros.

69. Seguro de alquiler

Si el acusado vive rentado, ¿viven en una comunidad grande? Muchas compañías les exigen a sus inquilinos un seguro de alquiler, el cual pudiera pagar sus costos médicos, legales, entre otros.

70. Redes sociales

Además de las agencias legales, usted puede encontrar información personal de las personas en sus cuentas dentro de las redes sociales como Facebook, LinkedIn y Twitter.

71. Información del caso

Su abogado deberá mantenerle informado de todas las fechas en las que deben presentarse a corte u otro tipo de fecha pertinente al caso. También puede comunicarse con la corte. Todo documento presentado ante la corte especifica el distrito que llevará su caso. Deles su número de caso y ellos le darán las fechas para presentarse en la corte. Pregúnteles si usted puede revisar la información del caso en línea. Algunos distritos mantienen este tipo de información en su página de internet y lo único que usted tiene que hacer es ingresar su número de caso y ver su expediente.

72. Plan B

Puede que encuentre resistencia cuando intente obtener alguna información, pero cuando el plan A falle intente con el plan B. Por ejemplo, si un empleado público protesta y no quiere darle lo que usted le pide, comuníquese con la alcaldía. ¿Por qué? La alcaldía toma el rol de consejero general (abogado) y puede comunicarse con la ciudad.

Comuníquese con las agencias gubernamentales en persona, si es posible. Deje que vean quién está hablándoles. Las llamadas telefónicas muchas veces son ignoradas.

73. Problemas con las aseguradoras

Si tiene problemas con una compañía de seguros, comuníquese con la agencia reguladora más cercana. Los estados regulan muy de cerca la industria de seguros de lesiones personales. Por ejemplo, Indiana tiene un número de días en los cuales se tiene que reconocer y responder cualquier comunicación. Si la compañía de seguros no cumple, el estado investigará y multará a la compañía si el error fue de ella. Cuando usted tenga un problema con una aseguradora, comuníquese con la división de seguros (*en su estado podría tener otro nombre*).

74. Tenga paciencia

Cuando se comunique con compañías grandes o agencias de gobierno, hable con los empleados de primer nivel una sola vez. La gerencia puede burlar la ley, pero los subordinados no.

75. Verifique los hechos

No crea todo lo que le digan. Ellos podrían estar diciendo una conjetura o la información que tienen puede haber cambiado recientemente. Confirme todo con otras fuentes o verifique que la información que usted tenga sea correcta.

¿RECUERDA LO SIGUIENTE?

1. ¿Si su abogado no provee las fechas para presentarse en corte, de qué otra manera puede buscarlas?

2. ¿Con quién debería comunicarse si la compañía de seguros no paga una reclamación?

3. ¿Qué cuatro detalles usted puede obtener del Secretario de estado?

4. ¿Cuál es la mejor manera de verificar los hechos?

5. Mencione ocho elementos en una verificación de antecedentes.

9

▶CUIDADO PERSONAL

Puede que se esté preguntando el porqué de este capítulo en nuestro libro. Y es que incluso con una planificación cuidadosa, las cosas pueden ir mal y proceder más lentas de lo anticipado. Si usted está en un caso por lesiones personales, este puede que sea el capítulo más importante para usted. Todos somos únicos y reaccionamos distinto. No compare su situación con ninguna otra. *Haga lo que crea que es lo mejor y/o cuide su salud para que se reponga más rápido.*

76. Acepte ayuda

Puede que usted sea muy independiente, pero durante este proceso debería depender de otros. Permita que su familia y amigos le den una mano. ***Sea flexible en sus expectativas de las personas.***

Aquellos que puedan ayudarle, lo harán; los que no puedan, desaparecerán.

77. Sentido del humor

Cuando las cosas van mal, un buen sentido del humor es la mejor herramienta. Rodéese de amigos positivos y alegres. Mientras más vea el lado alegre de las cosas, mejor se le hará encontrar lo que busca. Ciertamente, la risa es la mejor medicina.

78. Enfóquese en lo positivo

Si usted ve televisión, aléjese de los programas violentos y apéguese más a las comedias. Si le gusta leer, escoja novelas ligeras, nada muy fuerte. Visite museos, vea películas cómicas o divertidas y coma buena comida. Haga cosas que lo hagan sentir bien. *¿Sabía usted que es imposible tener dos pensamientos opuestos al mismo tiempo?* Cuando usted piensa en cosas motivadoras, es muy difícil tener pensamientos deprimentes.

79. Trate bien su cuerpo

Luego de sufrir una lesión, puede que no tenga apetito. Pero recuerde que tiene que ayudar a su cuerpo a sanar. Coma comidas completas y beba mucha agua. Combine alimentos nutritivos (*que alimenten el cuerpo*) con alimentos reconfortantes (*que alimenten la mente*). Si está tomando antibióticos, tome prebióticos para compensar. Hable primero con su médico.

80. La terapia puede ayudar

Si sus emociones lo están destruyendo, busque ayuda. No intente resolver el problema por su cuenta; visite a un terapista, unas cuantas sesiones podrían ayudarle.

81. Transparencia

Antes de recetarle algún medicamento, el doctor le preguntará sobre alergias, vitaminas u otro medicamento que esté tomando. A usted le conviene ser transparente y contarlo todo.

Por ejemplo, ¿utiliza cafeína? ¿Tiene un estómago sensitivo? ¿Tiene problemas con el tragar pastillas? Cuéntele todo lo que usted pueda para ayudarles a tomar una decisión informada.

82. Medicina alternativa

La auto-hipnosis y la técnica de libertad emocional (EFT, por sus siglas en inglés) son herramientas muy poderosas. Estas pueden ayudarle a tomar control durante los tiempos de estrés bajando la presión de la sangre, reduciendo la ansiedad y acelerando el proceso de recuperación. Busque en YouTube.com videos sobre EFT.

Si usted necesita cirugía, pregúntele al anestesiólogo o alguien que vaya a estar presente en la operación qué consejos puede darle. También puede hacer una grabación y escucharla durante la cirugía Cuando usted se encuentra bajo anestesia, todo lo que escuche pasa a su subconsciente y su mente

intenta todo lo posible por hacerlo
realidad.

 **CONTENIDO ADICIONAL EN
LÍNEA**: Visite
www.SourceOfEnlightenment.com para
más información sobre la hipnosis y EFT,
incluyendo información del cómo hacer
su propia grabación para la cirugía.

83. Asistentes médicos

Deje que los doctores se concentren
en cuidar sus lesiones. Intente no
perder tiempo con cosas que pueden
ser manejadas por otros, por
ejemplo una enfermera puede ser de
gran ayuda. En fin, tal y como se le
recomendó para las citas con sus
abogados, **lleve a alguien con
usted** a las citas médicas siempre
que sea posible.

84. Situaciones similares

Busque personas que tengan
experiencia con los problemas por
los que está pasando. Busque ayuda
a través de grupos de apoyo en su
iglesia, escuela, www.Meetups.como
en cualquier otro grupo social.

Pueden darle consejos y simpatizarse con lo que está pasando.

85. Recupere su energía

Si sufrió un accidente automovilístico u otro tipo de lesión, regrese al lugar de los hechos (*si es seguro*) una vez se recupere. Cierre sus ojos e imagine retomar cualquier energía que pudo haber perdido en el incidente. Una característica de los traumas es el sentimiento de impotencia. El retomar su energía es una manera de sentirse fuerte otra vez.

86. Ayude a otros

Busque una manera de compartir su experiencia para que otros puedan beneficiarse. Dé charlas, escriba artículos, llame a un programa radial, etc. Este tipo de actividad podrá ayudarle a retomar el control.

87. La imagen completa

Es normal pensar "¿Por qué esto me ocurrió a mí? Nos gusta tener respuestas a todo, sobre todo cuando ocurre algo malo. Tal vez nunca reciba una respuesta, pero mire la imagen completa y busque una manera de sentirse mejor. ¿Cómo puede ver la imagen completa?

Imagínese en la posición de otro. Retroceda e imagine la situación a través de los ojos de otra persona. Pregúntese lo siguiente, ¿qué sucedió exactamente y cómo la situación cambió sus vidas?

Remueva toda emoción. Mire la situación a través de los ojos de un abogado. Escríbela tal y como la recuerda y borre todos los adjetivos y adverbios hasta tener nada más que la base de la situación.

¿Qué aprendió? ¿Qué cosas usted puede compartir con otras personas para lograr que estas disfruten de una mejor vida? Comparta todo lo aprendido. Usted se sentirá mejor y otros se beneficiarán de sus experiencias.

¿RECUERDA LO SIGUIENTE?

1. Mencione tres cosas que puede hacer para sentirse mejor.

2. ¿Por qué no debe compararse con los demás?

3. ¿Cómo usted puede ver la imagen completa?

4. ¿Por qué es importante hablar con otras personas que hayan pasado por una situación similar?

10

►TÉRMINOS LEGALES

AKA, a/k/a, f/k/a–siglas de la frase en inglés. También conocido como ('también conocido como').

Arbitraje –es un proceso en el cual una sola persona (*o un panel de abogados y no-abogados*) que no estén envueltos en la disputa escucharán a las partes y a sus abogados para ayudarles a encontrar una solución. En un arbitraje obligatorio usted tendrá límites en su apelación.

Abogado –Es una persona legalmente designada a una parte para funcionar como su agente en asuntos legales, específicamente se trata de alguien cualificado y licenciado para fungir como defensor del demandante o el acusado dentro de un proceso legal.

Abogado (Litigio) representan a clientes que están demandando o están siendo demandados en asuntos de lesiones personales, civiles o penales.

Abogado (transaccional)se especializa en leyes de negocios (contratos, inmobiliaria).

Calendario – La asignación de una sala de justicia a un caso, especificando la fecha y la hora. También se refiere al proceso de mantener las fechas en las que vencen ciertos procesos dentro del caso.

Civil (Caso) – Tratan con los derechos privados y los recursos de las personas como miembros de una comunidad.

Penal (Caso) – Una acción, pleito o causa para castigar una infracción a las leyes penales.

Tarifa de Contingencia – pago por servicios legales que depende de una adjudicación o recuperación al final del caso. El pago luego es un porcentaje de la cantidad recobrada.

Acusado – La persona que se defiende o que niega haber cometido los hechos. Es la parte dela cual se busca una remuneración dentro una demanda o proceso legal.

Declaración – El escrito de un testimonio hecho por un testigo, transcrito por un funcionario debidamente cualificado y juramentado por el deponente (*a quien se cuestiona*).

Descubrimiento – Por lo general, se refiere al proceso de aprender lo que previamente no se sabía; revelación de información previamente ocultada.

Sumario – Un historial o resumen de los procesos realizados en una corte de justicia.

Debida diligencia – Investigar y evaluar las oportunidades de negocio. Una obligación a mostrar interés en cualquier transacción.

Interrogatorios – Una colección de preguntas que una parte hace a la parte opuesta.

Litigación – Una disputa en una corte de justicia con el propósito de hace valer los derechos de las partes.

Litigante – Un abogado que se especializa en litigación penal o civil.

Mediación – Una intervención amigable o diplomática, usualmente llevada a cabo con el propósito de llegar a un acuerdo entre personas, naciones, etc.

MMI–siglas en inglés para *Maximum Medical Improvement*, (máxima mejoría médica), el punto en el cual el proveedor médico determina que la condición de una persona se encuentra en su mejor estado.

Abogado contrario – El abogado de la otra parte.

Lesiones personales – La ley de lesiones personales envuelve aquellos casos en los cuales una persona se encuentra lesionada por la falta o irresponsabilidad de otra parte.

Peticionario – Es aquel que presenta una petición a una corte u otro tipo de cuerpo legislativo.

Demandante – La persona que presenta la demanda. La parte querellante o demandante, cuyo nombre aparece en los archivos.

Redacción legal – Un tipo de actividad de censura o edición de documentos por motivo de seguridad.

Restitución – El regreso de algo al dueño o persona con derecho a. Compensación por pérdida.

Estatuto de limitaciones – Una ley estatal o federal que restringe el tiempo dentro del cual se pueden presentar procedimientos legales.

Cronometrador – Una persona que cobra por función de su tiempo en un caso.

Agravio – Ofensa que se hace a un contrato.

Resolución judicial – Un documento emitido por un funcionario legal o gubernamental que autoriza a la policía u otro cuerpo a hacer un arresto o a registrar una propiedad.

Producto de trabajo – memorandos, documentos escritos, notas, investigaciones y otro tipo de material confidencial organizado por un abogado mientras representa a un cliente, particularmente en preparación para un caso. Estos documentos no se incluyen en el archivo que se le entrega al cliente al concluir el caso.

Sea un cliente astuto

_____

SOBRE LA AUTORA

Ellen Hughes fundó *The McKee Company* en 1992.Su lema cambió a "Una compañía de ideas", que refleja la diversidad de sus productos.

Sus productos han sido aclamados por *Readers Digest, Kiplinger Washington Letter, Denver Business Journal,* y otraspublicaciones.

The McKee Company ofrece una diversidad de productos. Los más populares son: 1)**Asistente de la oficina** –programa para la creación de procedimientos personalizados y manuales de políticas, 2) **Aventuras con la medicina natural**–organiza 27 métodos de medicina alternativa para que elija el más apropiado para usted y 3) **Sea un cliente astuto** –que le enseñará a cómo manejar de manera más efectiva los asuntos legales.

www.TheMcKeeCompany.com.

CUADERNOS DE COMPAÑÍA

Sea un cliente astuto es una fantástica fuente de información dirigida a aquellos que necesiten buscar a un abogado. Este libro se distingue por brindar ideas para <u>mejorar</u> la relación abogado/cliente. Además, **Sea un cliente astuto** ofrece cuadernos de compañía.

Estos cuadernos están diseñados con el propósito de ayudar al cliente a registrar y organizar todo lo relacionado con su caso en un solo lugar. Es una herramienta invaluable para abogados y clientes. Cada manual trata distintos tipos de casos e incluyen un listado de objetivos, gráficas, consejos y sugerencias para simplificar su uso y lograr que usted Sea un cliente astuto.

Para más detalles, visite www.BeASmartClient.com/Workbook.

Cuadernos disponibles:
Lesiones personales
Planificación de patrimonio
Familias/Divorcios